BEI GRIN MACHT SICH IHR
WISSEN BEZAHLT

- Wir veröffentlichen Ihre Hausarbeit,
  Bachelor- und Masterarbeit

- Ihr eigenes eBook und Buch -
  weltweit in allen wichtigen Shops

- Verdienen Sie an jedem Verkauf

Jetzt bei www.GRIN.com hochladen
und kostenlos publizieren

Bibliografische Information der Deutschen Nationalbibliothek:

Die Deutsche Bibliothek verzeichnet diese Publikation in der Deutschen National-
bibliografie; detaillierte bibliografische Daten sind im Internet über http://dnb.d-
nb.de/ abrufbar.

Dieses Werk sowie alle darin enthaltenen einzelnen Beiträge und Abbildungen
sind urheberrechtlich geschützt. Jede Verwertung, die nicht ausdrücklich vom
Urheberrechtsschutz zugelassen ist, bedarf der vorherigen Zustimmung des Verla-
ges. Das gilt insbesondere für Vervielfältigungen, Bearbeitungen, Übersetzungen,
Mikroverfilmungen, Auswertungen durch Datenbanken und für die Einspeicherung
und Verarbeitung in elektronische Systeme. Alle Rechte, auch die des auszugsweisen
Nachdrucks, der fotomechanischen Wiedergabe (einschließlich Mikrokopie) sowie
der Auswertung durch Datenbanken oder ähnliche Einrichtungen, vorbehalten.

Impressum:

Copyright © 2016 GRIN Verlag, Open Publishing GmbH
Druck und Bindung: Books on Demand GmbH, Norderstedt Germany
ISBN: 9783668357914

Dieses Buch bei GRIN:

http://www.grin.com/de/e-book/346538/was-ist-der-mensch-konstellationen-der-
philosophischen-anthropologien

Laura Wolf

Was ist der Mensch? Konstellationen der philosophischen Anthropologien von Helmuth Plessner und Max Scheler im Vergleich

GRIN Verlag

GRIN - Your knowledge has value

Der GRIN Verlag publiziert seit 1998 wissenschaftliche Arbeiten von Studenten, Hochschullehrern und anderen Akademikern als eBook und gedrucktes Buch. Die Verlagswebsite www.grin.com ist die ideale Plattform zur Veröffentlichung von Hausarbeiten, Abschlussarbeiten, wissenschaftlichen Aufsätzen, Dissertationen und Fachbüchern.

Besuchen Sie uns im Internet:

http://www.grin.com/

http://www.facebook.com/grincom

http://www.twitter.com/grin_com

Leibniz Universität Hannover

Institut für Philosophie

Seminar: Helmuth Plessner: „Die Stufen des Organischen und der Mensch"

Sommersemester 2016

Was ist der Mensch?

Die Konstellationen der philosophischen Anthropologien von Helmuth Plessner und Max Scheler im Vergleich

Abgabedatum: 13.09.2016

Laura Wolf

6. Fachsemester, Fächerübergreifender Bachelor

Politik (Major, 4. Sem.), Philosophie (Minor, 6. Sem.)

Inhaltsverzeichnis

1. Inhalt

1. Einleitung

Die Menschheit erlebt derzeit eine gewisse Art von Aufschwung: „Laut einer Umfrage für Demoskopie Allensbach ist die Zahl der Vegetarier in Deutschland deutlich gestiegen. Waren es vor 20 Jahren noch vier Prozent der Bevölkerung, so sind es jetzt acht bis neun Prozent der Bevölkerung (7 Millionen Menschen)." (Steeb, 2015, S. 8).

Die Intention eines Vegetariers/Veganers sollte trivial sein: sei es einerseits wegen der Haltung der Tiere oder der Tiere selbst.

Doch eine vegetarische bzw. vegane Ernährung wirft die Frage auf: „Worin unterscheiden wir uns von den Tieren? Was macht uns als Menschen aus?"

Es handelt sich hierbei um eine Frage der Philosophie – sie ist im Gegensatz zu der Frage: „Wer ist der Mensch?" allgemein gehalten und nicht personell abhängig (Vgl. Torner, 2007, S. 1).

Die Frage, was wir sind, ist aber nicht erst seit Neustem ein Thema der Menschheit.

1.1 Philosophische Anthropologien: ein kurzer historischer Umriss

Insgesamt ist im Verlauf des philosophischen Denkens bezüglich des Menschen eine gewisse historische Entwicklung zu verzeichnen:

So stellten die Sophisten um das 5. Jahrhundert vor Christus den Menschen ins Zentrum. Der Bekannteste unter ihnen war Protagoras, dessen „Homo-mensura-Satz" diese Zeit prägte: „Der Mensch ist das Maß aller Dinge, der seienden, dass wie sie sind und der nicht seienden, das sie nicht sind." (Rohls, 2002, S. 47). Das heißt wie die Dinge sind, hängt nicht von den Dingen selbst ab, sondern von der Betrachtung des Menschen und seinem Wissensstand, mit dem er diese sieht. Die Sophisten räumen dem Menschen eine Sonderstellung ein: er ist von Natur aus ein Mängelwesen, aber durch die Gottesgabe besitzt er Fähigkeiten, die ihn von allen anderen Lebewesen hervorheben. Der Mensch ist unbestimmt und frei gegenüber den Zwängen der Natur (Vgl. Torner, 2007, S. 2).

Auch beschäftigten sich Philosophen wie Albertus Magnus und Giovanni Pico della Mirandola mit der Stellung des Menschen und seiner Eigenart.

Magnus sieht den Menschen als ein Leib-Seele-Wesen an: der Körper des Menschen ist unsterblich durch die Gnade Gottes, doch ist der Mensch durch Sünde zu einem sterblichen

Leben verdammt. Die Seele stellt demnach die Vollendung des Körpers dar (Vgl. Torner, 2007, S. 4).

In seiner Schrift „de dignitate hominis" versucht Mirandola eine Antwort auf die Frage der Sonderstellung des Menschens zu geben – dabei entwickelt er eine neue Art des Schöpfungsmythos: Gott verlangt ein Wesen, das die Schöpfung versteht und diese bewundert. Der Mensch wird genau so angesehen wie bei den Sophisten – als ein Mängelwesen, doch durch die freie Wahl, den freien Willen, kann er sich entwickeln. Als Ziel des Lebens strebt der Mensch nach Mirandola die Verbindung und Einheit mit Gott an. Auch hier überlässt Mirandola dem Menschen die freie Wahl: der Mensch kann wählen, ob er das werden will, was Gott ihm zugedacht hat – zum Wesen der Erkenntnis, oder ob er dies ablehnt und zum reinen Animalischen herabsinkt.

Im weiteren Verlauf der Geschichte, bevor der Mensch im 20. Jahrhundert zum Gegenstand der naturwissenschaftlichen Verhaltensforschung wird, äußern sich auch unter anderem Johann Gottfried Herder und Immanuel Kant bezüglich der Stellung des Menschen und seines Wesens.

In seinem Werk „Abhandlung über den Ursprung von Sprache" vergleicht Herder den Menschen mit anderen Lebewesen. Er behauptet, dass Tiere immer an eine gewisse äußere Bedingung gebunden sind und der Mensch hingegen unbestimmt ist – er kann zur Welt und zu sich in ein gewisses Verhältnis treten – durch die Reflexion des Gehirns. Hierbei hält Herder die Sprache für das wichtigste Kennzeichen des Menschen: durch das Gehirn des Menschen ist er dazu fähig; die Sprache kompensiert die mangelnde Fähigkeit, die Unbestimmtheit des Menschen (Vgl. Torner, 2007, S. 4)

Immanuel Kant hingegen versteht den Menschen als Weltbürger, er ist Zweck in sich selbst. Die menschliche Natur können wir nach Kant nur über Beobachtungen erkennen (Vgl. Torner, 2007, S. 5).

Im 20. Jahrhundert, mit dem sich auch diese Hausarbeit beschäftigt, gab es noch neben Plessner und Scheler zwei weitere Theoriengebiete, die das Wesen des Menschen versuchen zu erklären.

Zum einen den Behaviorismus, der von J.B. Watson und J.P. Pawlow geprägt wurde, und der dem Menschen keine Sonderstellung einräumt. Der Mensch steht hier auf der gleichen Ebene wie das Tier, sein Verhalten wird durch die Umweltanpassung erklärbar.

Zum anderen die biologische Verhaltensforschung – geprägt von J. von Uexküll und K. Lorenz. Die biologische Verhaltensforschung behauptet, dass jedes Lebewesen seine eigene Umwelt besitzt – durch die Sinne wahrgenommen – doch der Mensch hat keine angeborene Umwelt. Er ist weltoffen (Vgl. Torner, 2007, S. 5).

Doch wie definieren Max Scheler und Helmuth Plessner, zwei weitere Autoren des 20. Jahrhunderts, den Menschen? Wie beantworten sie die Frage nach der Stellung des Menschen und in was für einem Verhältnis steht der Mensch zum Tier? Diese Fragen sollen im weiteren Verlauf geklärt werden.

2. Max Scheler

2.1 Grundposition und Ansatz

Max Scheler kritisiert zu Anfang seines Werkes „Die Stellung des Menschen im Kosmos", dass es kein einheitliches Bild vom Menschen gibt: zum Einen wird der Mensch durch die Schöpfungsgeschichte, zum Anderen als „animal rationale" und noch wieder als ein Lebewesen, das aus der Evolution hervorgegangen ist, definiert. Allerdings sind diese Meinungen alle nicht miteinander vereinbar und stiften eine gewisse Unruhe im Menschen (Vgl. Scheler, 1928, S. 11).

Max Scheler versucht die Frage zu beantworten, ob dem Menschen im Kosmos eine Sonderstellung zukommt und ob man dem Menschen überhaupt eine Stellung einräumen darf bzw. muss, die ihn von anderen Lebewesen unterscheidet. Auch beschäftigt er sich im Allgemeinen damit, ob der Wesensbegriff des Menschen überhaupt gerechtfertigt ist (Vgl. Scheler, 1928, S. 11).

2.2 Der Mensch und seine Stellung in der Welt bei Scheler

Max Scheler analysiert den Menschen anhand des Aufbaus der biophysischen Welt, die eine Stufenfolge der psychischen Kräfte und Fähigkeiten mit sich zieht (Witteriede, 2009, S. 21). Er nimmt an, dass die Grenzen des Psychischen und des Lebendigen zusammenfallen und dass lebendige Dinge ein „'Fürsich und Innesein' besitzen: sie sind sich selbst inne und sich selbst gegeben."[1].

Insgesamt gibt es für Scheler fünf Stufen der Innenseite dieses Lebens, die im Folgenden beschrieben werden.

2.1.1. Gefühlsdrang

Der Gefühlsdrang umfasst das pflanzliche Leben: er versorgt alle psychischen Tätigkeiten mit der notwendigen Energie. Auf dieser Ebene gibt es, so Scheler, noch kein Empfinden und kein Bewusstsein. Dieser Drang sei auf das Umfeld ausgerichtet – auf das unspezifizierte Ganze. Pflanzen reagieren so auf keine speziellen Umweltreize, wie auf Farb- oder Strahlvariationen des Lichts. Zu erkennen sind lediglich „Wachstumsbewegungen" (Scheler, 1928, S. 13f.).

2.1.2. Instinkt

Der Instinkt ist auf das Verhalten von Lebewesen gerichtet. Hier drückt sich neben dem Gefühlsdrang auch der innere Zustand aus.

Beim Instinkt handelt es sich um einen „psychophysischen" (Witteriede, 2009, S. 23) Begriff – er lässt sich sowohl physiologisch, als auch psychologisch erklären.

Doch wann handelt ein Lebewesen instinktiv?

„Wenn dessen Verhalten a) sinnmäßig ist, b) einem festen, unveränderlichen Rhythmus folgt, c) nur dann einsetzt, wenn das Lebewesen mit für sein spezifischen Artleben typisch wiederkehrenden, bedeutsamen Situationen konfrontiert wird, d) unabhängig ist von der Zahl vollzogener Versuche, mit einer Situation erfolgreich umzugehen." (Witteriede, 2009, S. 23).

Man könne die Instinkte auch als von vornherein „fertig" (Scheler, 1928, S. 18 f.) ansehen.

Physisch gesehen ist der Instinkt eine untrennbare „Einheit von Vorwissen und Handlung" (Scheler, 1928, S. 22).

---

[1] Scheler, M., 1928, S. 13: „Anorganische Gebilde haben ein solches Inne- und Selbstsein überhaupt nicht; sie haben kein Zentrum, das zu ihnen ontisch gehörte [...]. Ein Lebewesen dagegen ist stet ein ontisches Zentrum und bildet steht selbst seine raumzeitliche Einheit und Individualität"

2.1.3. Assoziatives Gedächtnis

„Das assoziative Gedächtnis" (Scheler, 1928, S. 22) ist ein Verhalten, das aus dem instinktiven Verhalten hervorgeht, sich aber durch die Gewohnheit unterscheidet. Das assoziative Gedächtnis ist bereits bei allen Tieren vorhanden – als Folge des „Reflexbogens" (Scheler, 1928, S. 22f., S. 25), (der Trennung von Sensorium und Motorium). Auf dieser Stufe werden die Triebe, Gefühle und Affekte freigesetzt: hier findet eine individuelle Anpassung an „untypischen Situationen" (Witteriede, 2009, S. 25) statt.

2.1.4. Praktische Intelligenz

Was bedeutet Intelligenz nach Max Scheler?

Intelligentes Verhalten liegt von außen betrachtet vor,

„wenn ein Lebewesen sich in einer unbekannten und artuntypischen Situation spontan und ohne vorherige Probierversuche sinnmäßig verhält, diesen also lösungsorientiert begegnet" (Witteriede, 2009, S. 26) – das heißt durch spontane Einsichtsbildung.

Die organisch gebundene Intelligenz sei „die Erfüllung eines Triebimpulses oder eines Bedürfnisses" (Witteriede, 2009, S. 26). Seine praktische Qualität wächst aus der Triebregungsbefriedigung.

Als Beispiel nennt Max Scheler Schimpansen, die auf unbekannte Situationsanforderungen mit spontanem und objektiv sinnvollem Verhalten antworten können.

2.1.5. Geistsphäre

Doch worin liegt nun der tatsächliche Wesensunterschied, der den Menschen vom Tier und der Pflanze trennt?

Max Scheler führt hierfür eine weitere Wesensstufe ein: die Geistsphäre.

Die Geistsphäre sei nur dem Menschen zukommend – er ist in der Lage, „seine Umwelt vollständig zu versachlichen und darüber hinaus auch die eigenen physiologischen und physischen Beschaffenheit gegenständlich zu erfahren" (Witteriede, 2009, S. 27).

Der Geist, das Aktzentrum, tritt zum Vitalen von außen hinzu; die Geistigkeit des Menschen ist nicht biologisch erforschbar und keine Folge der Evolution. Er ist über der Vitalsphäre (dem Körper, der Physis) angesiedelt – doch alleine unnütz, er bedarf der Vitalsphäre. Doch die Vitalsphäre bedarf auch des Geistes: Der Geist „ideiert"[2] das Leben. Es findet also ein Wechselspiel statt: das Eine bedarf des Anderen.

Der Mensch ist „das einzige Lebewesen, das sich in unbegrenztem Maße weltoffen verhalten kann" (Scheler, 1928, S. 33) – auf Grund des Geistes ist der Mensch in der Lage, besondere Ideierungsakte zu vollziehen: Er kann Wesen und Dasein voneinander trennen.

Nach Max Scheler erhält der Mensch gerade durch den Geist die Sonderstellung, die man ihm einräumt. Der Mensch kann sich solche Fragen stellen, wie: „Warum ist etwas und warum ist nichts nichts?"

2.3 Resümee

Max Scheler räumt dem Menschen, begründet durch die Analyse der biophysischen und der Stufenfolge der psychischen Kräfte und Fähigkeiten, eine Sonderstellung ein.

Insgesamt gibt es fünf Stufen der psychischen Kräfte, wobei die letzte dem Menschen vorenthalten ist. Die Stufen unterscheiden sich allerdings nur graduell – der tatsächliche Wesensunterschied zwischen dem Menschen und anderen Lebewesen besteht in der Stufe des Geistes.

Durch den Geist ist der Mensch weltoffen und ungebunden.

3. Helmuth Plessner

3.1. Grundposition und Ansatz

Helmuth Plessner hängt sich an dem Gedanken des Dualismus von Descartes auf: Der Mensch ist einerseits denkendes, zum Anderen aber auch reines Körperwesen. Er sieht das Problem in der Interaktion dieser beiden Bereiche. Die Anthropologie soll weg von der rein dichotomischen, dualen Betrachtung. Der Mensch erfahre sich selbst durch die beiden Seiten. Plessner fordert die ganzheitliche Betrachtung des Menschen, einen phänomenologischen Zugang.

Nach Plessner habe jedes Ding ein Außen und ein Innen, einen Doppelaspekt.

---

[2] Witteriede, H., S. 28: „[...] als Träger des Prinzips Geist ist es dem Menschen möglich, besondere Ideierungsakte zu vollziehen, in denen er „Wesen und Dasein" trennt und dadurch zu sogenannten „a priori" geltenden Einsichten bzw. Wesenserkenntnissen gelangt, denen über die Grenzen aller sinnlichen Erfahrung hinaus für die ihn tragende Welt wie auch für alle vorstellbaren Welten Gültigkeiten zukommt."

3.2 Belebte und unbelebte Dinge und das Wesen der Grenze

Die Außenseite eines unbelebten Dings verleihe ihm eine Grenzkontur: Der Blick, der einem unbelebtem Gegenstand begegne, wird von den eigenschaftstragenden Seiten auf den Kern, ein nichterscheinendes Innen verwiesen, welches seinerseits auf die eigenschaftstragenden Seiten, die Außenseite des Dings, verweise [3].

Die belebten Dinge hingegen besitzen eine Selbstständigkeit.

Der größte Unterschied zwischen belebten und unbelebten Dingen liege in der Grenzkontur des lebendigen Dings: das lebendige Ding sei nicht nur durch die sichtbare Außenseite bestimmt, sondern besitzt selbst die Grenze in einem spezifischen Sinn [4].

Die Grenze hat eine doppelte Funktion, einerseits schließt die Grenze den lebendigen Körper gegen das Umfeld ab; er wird zu einem sich selbst organisierenden Eigenbereich. Doch vermittelt der Körper über die Grenze hinweg mit seinem Umfeld: er gestaltet und steht eigenständig in Beziehung.

Dieser Grenzverhalt des Lebendigen ist der Ausgangspunkt der Positionalität.

3.3 Die Positionalität

Worin unterscheiden sich anorganische Körper von Organischen? Für Plessner ist dies die Positionalität. Die Positionalität ist die Art des Verhältnisses, in dem Innen und Außen des Körpers zueinander stünden [5].

Anorganische Körper tragen keinen Übergang von Innen nach Außen; sie brechen ab und sie sind nicht im Doppelaspekt enthalten.

Organische Körper hingegen haben ihre Grenze selbst, es ist ein Teil ihres Seins. Die organischen Körper können zwischen Innen und Außen wechseln; sie können die Grenze übergehen.

Anorganische Körper sind raumerfüllend und statisch.

Organische Körper hingegen seien raumbehauptend und dynamisch[6]. Sie haben zudem eine Beziehung zu ihrer Umwelt.

---

[3] Essbach, W., 1994, S. 184: „Der unbelebte Körper [...] ist, soweit er reicht."

[4] Hauke, K., 2000, S. 66: „Der physische Rand wird zur Grenze, insofern er als Aspekt erscheint und über seine physische Realität hinausgehend auf etwas verweist, was er verkörpert."

[5] Plessner, H., 1928, S. 129, Positionalität meint „Gesetzt- oder Gestelltheit des lebendigen Körpers"

[6] Plessner, H., 1928, S. 186: Gewöhnliche Körperdinge sind nicht „nur raumerfüllend, sondern es hat einen Ort, strenger gesagt: es behauptet von ihm aus einen Ort, seinen ‚natürlichen Ort'"

3.3.1 Die offene Organisationsform der Pflanze

Die offene Organisationsform zeichnet sich durch eine gewisse Form der Unselbstständigkeit aus, sie ist die niedrigste Stufe der Lebewesen: Offen ist diejenige Form, welche den Organismus in allen seinen Lebensäußerungen unmittelbar in seine Umgebung eingliedert und ihn zum unselbstständigen Abschnitt des ihm entsprechenden Lebenskreis macht.

Zu erkennen seien bei dieser Form lediglich Wachstumsbewegungen[7]; sie besäßen kein Zentrum, keine Individualität. Zudem sind sie an einen Ort gebunden – im Gegensatz zur geschlossenen Form, die im folgenden Abschnitt definiert wird.

3.3.2 Die geschlossene Organisationsform des Tiers

Geschlossen ist diejenige Form,

„welche den Organismus in all seinen Lebensäußerungen mittelbar in seine Umgebung eingliedert und ihn zum selbstständigen Abschnitt des ihm entsprechenden Lebenskreises macht" (Plessner, 1928, S. 290).

Das Tier agiert aus der eigenen Mitte heraus in sein Umfeld hinein - es besitzt ein „Zentrum" (Plessner, 1928, S. 293); doch ist es an dieses Zentrum gebunden.

Tiere sind sich allerdings ihrer Individualität nicht bewusst. Im Gegensatz zur offenen Organisationsform ist es nicht an einen stationären Ort gebunden – eher an einen räumlichen Ort.

Das Tier merkt sich das Umfeld und das Agieren in diesem, aber es kann das Merken als solches nicht erfassen. Es fehle ihm „der Sinn fürs Negative" (Witteriede, 2009, S. 65).

3.4 Die exzentrische Positionalität des Menschen

Der Mensch lebt im Gegensatz zur Pflanze (offene Positionalität) und zu dem Tier (geschlossene Positionalität) in einer exzentrischen Positionalität.

Der Mensch agiere aus der eigenen Mitte heraus in sein Umfeld hinein[8].

---

[7] Plessner, H., 1928, S. 290 und S. 288: „Alle Bewegungen gehen an der Pflanze von sich, nie ‚von' der Pflanze ‚aus'; dies würde ja ein Zentrum, eine zentrale Steuerungseinheit voraussetzen, die der offenen Form fehlt, so auch die Gabe des Bewusstseins."

Die exzentrische Positionalität gewähre ihm dieses Agieren in sein Umfeld hinein, er kann es dieses Gewähren erfassen.

Es gibt ihm die Möglichkeit, sich als Zentrum des Handelns zu erleben und ein „Ich" auszubilden[9]. Er erfahre sich auf drei Arten: Er sei ein Körper (ein Körperding neben anderen); er sei im Körper und er sei außerhalb des Körpers (Reflexion: den Körper besitzen und ihn beherrschen). Der Mensch ist also seine Mitte, als organisches Wesen lebend; er besitzt eine Mitte, die ihm gewährt den Organismus zu beherrschen und ist ebenfalls über sie hinaus, als reflexive Distanz zum Sein[10].

Durch die exzentrische Positionalität, dem Herausgeworfensein aus der eigenen Mitte, kann der Mensch zu sich in Distanz treten.

Ein Problem allerdings ergibt sich: der Mensch ist von Natur aus nicht mit Mitteln ausgestattet, die sein Überleben garantieren – so ist er durch eine gewisse Instinktarmut und physische Unspezialisiertheit eingeschränkt. Doch diese biologischen Nachteile werden ihm dann zum Vorteil, denn er kann sein Leben auf verschiedene Arten führen. Seine Nachteile werden ihm aber auch zur Aufgabe und zur Herausforderung: er muss sein Leben gestalten um überleben zu können.

Die Ortlosigkeit des Menschen eröffnet ihm große Freiheiten, aber bürdet ihm auch ständige Entscheidungen und Leistungen auf. Als Antwort auf diese wohl kritische Lebensweise, das Herausschleudern in die Freiheit, ist die Kultur.

Die Kultur entlastet einerseits den Handlungsdruck, sie verschafft Halt und sorgt für Verstetigung von Lebensgrundlagen. Die Kultur ist kein Anhängsel, sondern eher ein Bestimmungsmerkmal der Organisationsform des Menschen.

Helmuth Plessner definiert auf diese Gedanken hin drei Gesetze der anthropologischen Philosophie:

---

[8] Plessner, H., 1928, S. 290: Das exzentrisch positionierte Lebewesen „ist in das in seine eigene Mitte Gesetztsein gesetzt", d.h. es ist in „seine Grenze gesetzt und deshalb über sie hinaus, die ihn, das lebendige Ding, begrenzt."

[9] Fahrenbach, H., 1994, S. 81: Seine zentrische Stellung „ist für ihn (als „ich") zugleich gegeben, d.h. gegenständlich bewusst, so daß er sowohl in ihr wie von ihr distanziert und dadurch für sich selbst und zur Welt erschlossen ist."

[10] Plessner, H., 1928, S. 291 f.: „So ist das Leben des Menschen, ohne die Zentrierung durchbrechen zu können, zugleich aus ihr heraus, exzentrisch. Exzentrizität ist die für den Menschen charakteristische Form seiner frontalen Gestelltheit gegen das Umfeld."

3.4.1 Gesetz der natürlichen Künstlichkeit

Das Gesetz der natürlichen Künstlichkeit ergibt sich aus der Notwendigkeit der Kultur und der Lebensführung des Menschen.

Der naturale Mensch passe in keine Umwelt: Er muss sich demnach eine schaffen. Auf Grund dieser Notwendigkeit ist es ihm natürlich ein Kulturwesen und deshalb auf eine gewisse Art künstlich zu sein. „Durch die Exzentrizität seiner Positionsform ist der Mensch ein Lebewesen, das Anforderungen an sich selbst stellt. [...] Er kann ohne Sitte und Bindung an irreale Normen [...] nicht existieren." (Plessner, 1928, S. 392).

Der Mensch muss „sich zu dem, was er schon ist, erst machen" (Plessner, 1928, S. 383), doch um „zu machen, was er ist – eben weil er nur ist, wenn er vollzieht – , braucht er ein Komplement nichtnatürlicher, nichtgewachsener Art" (Plessner, 1928, S. 384 ff.).

Für den Menschen gibt es kein „ontisches Gleichgewicht" (Plessner, 1928, S. 396): Er besitzt keine natürliche Heimat, doch der Mensch kommt auch durch Künstlichkeit der Kultur zu keiner Ruhe. Der Mensch muss diesen Ausgleich immer wieder neu erreichen, doch das endgültige Gleichgewicht wird nie erreicht. Keine endgültige Heimat zu besitzen ist sein Schicksal.

3.4.2 Gesetz der vermittelten Unmittelbarkeit

Das Tier erlebt die Welt unmittelbar. Beim Menschen hingegen kommt es darauf an, wie er in sie hineinblickt. Vermittelte Unmittelbarkeit nennt Plessner das Prinzip, das den Menschen befähigt, trotz seiner Reflexionsfähigkeit, welche ihn zur Erkenntnis des Zwischen führt, seine Umgebung immer auch als unmittelbar gegeben wahrzunehmen, ohne an diesem Widerspruch zu verzweifeln.

Das Streben nach Erfüllung, Ausgleich und Selbstdarstellung hört nicht auf, solange der Mensch lebe. Er muss sich immer wieder erneuern – seine Wünsche erfüllen und seinen Geist objektivieren. Helmuth Plessner sieht in diesem Prozess den Motor der Geschichte:

„In der Expressivität liegt der eigentliche Motor für die spezifische historische Dynamik menschlichen Lebens. Durch seine Taten und Werke, die ihm das von Natur verwehrte Gleichgewicht geben sollen und auch wirklich geben, wird der Mensch zugleich aus ihm wieder herausgeworfen, um es aufs neue mit Glück und doch vergeblich zu versuchen. Ihn stößt das Gesetz der vermittelten Unmittelbarkeit ewig aus der Ruhelage, in die er wieder zurückkehren will. Aus dieser Grundbewegung ergibt sich die Geschichte." (Plessner, 1928, S.416f.).

3.4.3 Gesetz des utopischen Standortes

Das dritte Gesetz beschäftigt sich mit dem Gedanken des Menschen wurzellos zu sein – auch mit dem gewissen Gefühl der Bedeutungslosigkeit.

„Ortlos, zeitlos ins Nichts gestellt, treibt sich das menschenhafte Wesen beständig von sich fort, ohne Möglichkeit der Rückkehr, findet sich immer als ein anderes in den Fügungen seiner Geschichte, die es zu durchschauen, aber zu keinem Ende zu bringen vermag" (Plessner, 1973, S. 143).

Doch was bleibt dem Menschen? Der Glauben hingegen schafft eine Art Heimat, welche die Exzentrizität nicht geben kann.

Diese Art Erlösung sei dennoch nur von zeitweiliger Dauer[11].

Das Absolute bleibt allerdings immer unerreichbar. Der Mensch kann also auch durch einen Gott zu keiner Ruhe gelangen. Stattdessen sei sein menschlicher Standort eine Utopie im Wortsinn der Ortlosigkeit.

Für Helmuth Plessner kommt den apriorischen Kategorien eine besondere Bedeutung zu: Die Grenze, die Positionalität und die Form.

Die Anwendung dieser Kategorien auf das Lebendige ermöglicht die Differenzierung von Pflanze, Tier und Mensch. Zudem erlaubt die Kategorie der Positionalität den Menschen als Lebewesen der letzten Stufe aufzufassen und so dem cartesianischen Dualismus zu entgehen.

3.5 Resümee

Helmuth Plessner versucht mit seinen Überlegungen den Sinn des Menschseins aus sich selbst und seiner biologischen Verfasstheit und seiner Naturgeschichte zu verstehen. Plessner probiert dies ohne Zuhilfenahme eines Glaubens.

Er beschreitet seine Analyse von unbelebten zu belebten Dingen – aus dieser geht der Grenzverhalt hervor, der zur Positionalität führt.

Plessner unterscheidet zwischen drei verschiedenen Positionalitäten: der offenen, der geschlossenen und der exzentrischen. Die offene Positionalität ist den Pflanzen vorbehalten, die geschlossene den Tieren und für den Menschen sieht Plessner die exzentrische Form vor.

---

[11] Plessner, H., 1928, S. 424: „Exzentrische Positionsform und Gott als das absolute, notwendige, weltbegründende Sein stehen in Wesenskorrelation." Sobald der Mensch erkennt, dass er im Nichts steht, nimmt er ein höheres Wesen an, das ihm das Stehen ermöglicht.

Die exzentrische Form räumt dem Menschen eine Sonderstellung ein – von denen er auf die drei Gesetze der Anthropologie schließt.

4. Was ist der Mensch? Unterschiede und Gemeinsamkeiten der philosophischen Anthropologien von Scheler und Plessner

Eine grundlegende Gemeinsamkeit der beiden Autoren, Scheler und Plessner, ist die Intention mit dem sie ihre Werke schrieben: Sie verfolgten das Bestreben den ganzen Menschen über einzelwissenschaftliche Grenzen hinweg als Einheit in den Blick zu bringen. Sie fordern beide eine Überwindung des cartesianischen Dualismus.

„Wodurch zeichnet sich der Mensch aus?" – Diese Frage stellen sie sich ebenfalls beide und versuchen herauszuarbeiten, welche eigene Grundstruktur der Mensch besitzt.

Sie unterscheiden sich allerdings in ihrer Herangehensweise: Während Plessner sich dem Menschen vor allem apriori bzw. aposteori nähert, nähert sich Scheler dem Thema primär phänomenologisch.

Dennoch entwickeln sie beide ein Stufenmodell – sie unterscheiden sich zudem nicht in ihrem Vorgehen, sie setzen nicht beim Innen an, sondern an dem konkret erfassbaren Lebendigen in der menschlichen Lebenswelt. Sei es über einen Pflanzen-Tier-Mensch-Vergleich oder über einen Tier-Mensch-Vergleich.

Der Mensch ist bei Scheler mit einem psychophysischem indifferenten Vitalzentrum ausgestattet: Das Vitalzentrum enthält alle Wesensstufen der Kräfte und Fähigkeiten. Er besitzt eine absolute Alleinstellung – der Mensch kann Nein sagen und ist weltoffen.

Bei Plessner besitzt der Mensch eine auf- und abschließende Grenze und ist in positionalen Merkmalen der geschlossenen Organisationsform des Tiere gegründet: Der Mensch ist zentrisch aus seiner Mitte heraus, aber dennoch exzentrisch enthoben. Er erlebt sich dreifach positional: einerseits ist er ein Körper, andererseits in ihm und einmal ist er außerhalb des Körpers.

Abschließend ist zu sagen, dass sowohl Plessner als auch Scheler dem Menschen eine Sonderstellung einräumen. Bei Scheler ist der Mensch der Träger des Geistes, bei Plessner ist der Mensch ein exzentrisch positionalisiertes Wesen.

5. Literaturverzeichnis

Essbach, Wolfgang (1994): Der Mittelpunkt außerhalb. Helmuth Plessners philosophische Anthropologie. In: DUX, Günther/WENZEL, Ulrich (Hrsg.): Der Prozeß der Geistesgeschichte. Studien zur ontogenetischen und historischen Entwicklung des Geistes. Frankfurt a. M.: Suhrkamp.

Fahrenbach, Helmut (1994): „Phänomenologisch- transzendentale" oder „historisch-genetische" Anthropologie- eine Alternative? In: DUX, Günther/WENZEL, Ulrich (Hrsg.): Der Prozeß der Geistesgeschichte. Studien zur ontogenetischen und historischen Entwicklung des Geistes. Frankfurt a. M.: Suhrkamp. S. 64-91.

Hauke, Kai (2000): Plessner zur Einführung. Hamburg: Junius.

Plessner, Helmuth (1928): Die Stufen des Organischen und der Mensch. Einleitung in die philosophische Anthropologie. In: Plessner, Helmuth: Gesammelte Schriften. Hrsg. von Günter Dux, Odo Marquard und Elisabeth Ströker. Band IV. Frankfurt a. M.: Suhrkamp 1981.

Plessner, Helmuth (1973): Der Aussagewert einer philosophischen Anthropologie. In: Plessner, Helmuth: Mit anderen Augen. Aspekte einer philosophischen Anthropologie. Stuttgart: Reclam.

Rohls, Jan (2002): Philosophie und Theologie in Geschichte und Gegenwart. Tübingen: Mohr Siebeck.

Scheler, Max (1928): Die Stellung des Menschen im Kosmos. In: Frings, M.S. (Hrsg.): Max Scheler. Gesammelte Werke, Band 9 Späte Schriften, 2. Durchges. Aufl.. Bonn: Bouvier.

Steeb, Sigrid (2015): Vegan. Gesund. Hannover: Humboldt/Schlüterscher Verlagsgesellschaft mbH & Co KG.

Torner, Aaron (2007): Anthropologie. Zusammenfassung. Online unter: http://www.vaticarsten.de/theologie/philosophie/Anthropologie_SS_07-torner.pdf [Stand: 2007; letzter Zugriff: 13.09.2016].

Witteriede, Heinz (2009): Eine Einführung in die Philosophische Anthropologie. Max Scheler, Helmuth Plessner, Arnold Gehlen. Frankfurt am Main: Peter Lang GmbH.

BEI GRIN MACHT SICH IHR
WISSEN BEZAHLT

- Wir veröffentlichen Ihre Hausarbeit,
  Bachelor- und Masterarbeit

- Ihr eigenes eBook und Buch -
  weltweit in allen wichtigen Shops

- Verdienen Sie an jedem Verkauf

Jetzt bei www.GRIN.com hochladen
und kostenlos publizieren

GRIN